梦想之歌者

心灵之绝唱

采梦集

东方导 著

竹和松出版社

出版：竹和松出版社（Zhu & Song Press）

Zhu & Song Press， LLC

North Potomac， Maryland

责任编辑：朱晓红

责编信箱：editor@zhuandsongpress.com

封面设计：竹和松传媒

出版社网址：www.zhuandsongpress.com

印刷地：美国，英国

发行：全球（中国大陆除外）

ISBN-13：978-1-950797-31-8

ISBN-10：1-950797-31-7

作者简介

　　东方导，著名诗人、独立经济学家。系中国诗歌学会
会员、中华诗词学会会员、中国文化管理协会会员、湖
南省作家协会会员；是《爱之密境》《超级泡沫：中国
房地产金融解密》《被绑架的经济》《民主的真相》的
作者。

一个虔诚的采梦人

翻开这本薄薄的诗集，你可能心灵会隐隐为之震动。诗人东方导先生以虔诚的语言、优美的旋律、高超的艺术形式，吟咏着人类永恒的梦想：圣洁的爱情、天真的孩子、慈悲的佛祖、超脱的庄子与神秘无穷的大自然。时光如流水，逝者如斯夫，当人们整日为生计忙碌时，时光却匆匆而过，把握不住。只有那些天性率真的人，才能把住良辰美景，敢于追逐自己的梦想。正如本书作者东方导先生所吟唱的：

诗人呀，大自然的使者，自由与天真的化身，只有你第一个嗅到春天每一个细微的味道，即使在深夜、在拂晓，或在天光已明的清晨。你才是宇宙的使者，万物的先声，大自然的每一声叹息，都与你心心相印，无论在白天，还是黑夜。

人们常说，愤怒出诗人，这其实是一个片面的命题。愤怒的感情，只能写出愤怒的句子，与诗人总体上是格格不入的。古今中外的事实是，爱意出诗人。对美人的爱，对天真无邪的儿童的爱，对慈悲的佛祖的爱，对超凡脱俗的庄子的爱，对大自然原始的爱，都让人类有创作诗歌的情感冲动。正如诗人东方导先生所鼓吹的：任何人只要有心中充满爱的情感，再用自然的语言说出来，就是诗；而说诗句的人，就是诗人。而相反，当代诗坛许许多多的诗人，他们痴迷于玩弄佶屈聱牙的句子，诗文缺乏爱的情感，因此诗文往往变成"行尸走肉"，大多遭到民众的冷漠与唾弃。

一位西方的名人曾提出评价诗歌的三个原则：一个是自然但不平凡的语言表达；一个是真实或新奇的意境；再一个是诗歌里隐藏的神秘感。他认为，无论古今中外，无论什么体裁的诗歌，都可以用这三个标准去评价。

我们今天且用这三个标准来评评古今中外的诗歌，看是否管用。我们先挑一首中国最古老的诗歌：《诗经·氓》的开头四句：氓之蚩蚩/抱布贸丝/匪来贸丝/来即我谋。时隔 2600 多年了，这首诗读起来还十分自然、生动。那个蚩蚩傻笑的小伙子呀，他抱着布来换我的丝，其实他不是来换丝的，只是找一个借口来和我商量婚事。诗句很自然，朗朗上口，短短几个平实的句子，勾勒出一个憨厚的小伙子追求他爱人的形象。

我们再挑选李白的《静夜思》：床前明月光/疑是地

上霜/举头望明月/低头思故乡。每一句都自然，但每一句都不平凡，短短几句，勾画出一个人身处异地的思乡之意境，引起读者强烈的共鸣。又如李白的《夜宿山寺》：危楼高百尺/手可摘星辰/不敢高声语/恐惊天上人。从这首诗可以看出，李白在诗中对语言挑选，确是高手中高手。他善用看起来普通，其实很不平凡的句子，表达一种新奇的意境，兼具神秘感。通观唐宋以来的优秀诗词，大都是用通俗的语言，去表达一个生动感人的意境。

中国的诗是这样，那外国的诗呢？我们就看看亚洲诗圣泰戈尔的《金色花》：假如我变了一朵金色花/为了好玩/长在树的高枝上/笑嘻嘻地在空中摇摆/又在新叶上跳舞/妈妈/你会认识我么？

这么好的诗，就是由小孩子平时的对话组成的。为什么感人呢？因为泰戈尔选取了小孩子生活中自然真实的话语，表达儿童对母爱的好奇与探询。句子虽然自然，但又十分不平凡。因为看似平凡的语句，却生动地再现了母子亲情。我们可以再找到徐志摩的名篇《再别康桥》：轻轻的我走了/正如我轻轻的来/我轻轻的招手/作别西天的云彩。非常自然，明白易懂的几句，却描述出一个无比伤感的意象。

也许，高明的诗人，都是择用普通的词句，去表达特别的意境。但普通的句子，绝不是庸俗、简单、随便的句子。如郭沫若在文革中的一些诗篇，就太随便、太口语化，不能叫诗，只能叫顺口溜。如他的《宇宙充盈歌颂声》：国庆年年益光辉／今年又有新景象／人民英雄纪念碑／屹立天安门广场／广场浩荡人如海／丰碑巍峨天变矮／人间出现双太阳／天上地下增光彩。这样的句子，太过随便，也不真实自然，并不符合节日里人们的真情实感，因语句粗浅、平庸，毫无意境，故只能算顺口溜，不能算诗。解放后至改革开放前，中国强调诗歌为政治服务，因此中国大陆绝大部分诗歌，多是顺口溜之类，无论语言、情感、意境，都比之前的民国时期差很远，很难说有艺术价值，也很难说产生过真正纯粹的诗人。

改革开放后，中国大陆的诗歌主流向所谓朦胧诗发展。与文革时的粗俗、随便相比，则走向另一个极端，就是创作诗歌时都力图用艰涩难懂、佶屈聱牙的词句来表达。他们创造了一种"诗人的语言"，只有诗人能看懂、甚至诗人都看不懂，一般民众，则如同读天书。这种诗风在 1978 年至 2020 年的 42 年里，被各种诗人、诗评家大量复制、推广。然而由于远离民众，使这时期大部分诗歌遭到人民的冷落。因此改革开放后 42 年，中国缺乏好的诗歌、好的诗人，很难看到一首诗能语言自然、意境优美，打动人心的。

　　直至最近读了东方导先生的《采梦集》，又追读了他的《爱之密境》，内心才隐忍不住一阵阵窃喜。他的作品，大都符合名篇的三个标准。语言自然而不平凡，意境真实或新奇，最重要的是，大部分诗篇具有神秘感，让人反复吟哦，余味无穷。现随手摘取一段《采梦集》里描写自由的诗句：

　　夜深了，田沟的水在潺潺流淌，天上的星星触手可及。当凉风一阵阵吹过，露水在青草的叶片边滑动时，妈妈已在屋子里一遍又一遍呼唤，而我却无动于衷地躺在凉席上。满天的星星下，萤火虫在身边飞来飞去，我一遍又一遍数着的星星。多少次呀，我曾默默向星星祈祷，希望它给一个少年美好的未来，那就是我童年遥远的记忆。

　　如行云流水的几句话，就勾勒出一个乡村少年"天当被子地做床"的自由快乐的夏夜美景，平凡的诗句，却织成一个具有神秘感的梦境，令人无限怀念、神往。再看《采梦集》里描写爱情的句子，简直是到了鬼斧神工、出神入化的境界了：

　　你微卷的长发披在枕边，娇柔的细语刺入夜的沉默，还会有谁听你长长的诉说呢？天已破晓，黎明从窗外升起时，你发现自已却要入睡了。漫漫人生，有几晚能倾诉到天明呢？星星从天空中隐去了，阳光从东边普照到你安详的脸上。

就这么几句，已呈现出一对恋人因相互吸引，整晚都倾诉不完，直到天亮了，实在太累才昏昏欲睡。再看看东方导先生如何用平凡而神奇的语言表达母爱吧：

妈妈，当你按响门铃时，请不要急忙进门吻你的宝贝，好吗？请你在门外稍微呆一会儿，我要亲手为你拧开门，送一份令你惊奇的礼物给你！

妈妈，你进屋后，马上背对着我，当我叫你转过身时，你再睁开眼看我送给你的礼物，好吗？

妈妈，你怎么能对我的礼物一点也不惊诧呢？这是幼儿园周末发的馒头，你不是说很好吃吗？我自己也舍不得吃，一直藏在书包里留给你的呀！

他仅用简单的儿童口语，就把母爱与童心展现得淋漓尽致。他又用高超的艺术形式，再现庄子梦蝶的神秘与自由的本质。如果对人生哲理了解不深，对中国古典道教文化研究不够，则根本不可能用如此美丽的语言，把这个迷恋了中国人二千多年的梦蝶梦诠释得如此深刻。

你两千多年前梦见的那只蝴蝶，扇着斑斓而轻薄的双翼，飞进了今天的我的梦里。

　　她终于告诉我一个秘密：庄子呀，当年不是她梦见了你，也不是你化为蝴蝶，而只是一个梦，让人类向往了几千年。

　　自从那一只小蝴蝶，翩翩飞进我的睡梦里，也不知是我变为了蝴蝶，还是蝴蝶化作了我。我只知这只小蝴蝶，她飞越两千多年，飞进无数人的梦里，还将飞越无数人。

　　可能只有东方导先生时隔 2000 多年读懂了这只小蝴蝶，她名叫自由。读了这些句子后，我才相信东方导先生可能是民国以来第一个纯粹的诗人了。他的诗篇，在经过漫长的 70 多年的等待后，终于默默地开放在中华诗坛的沃土上。扭转中国的诗风，复兴中国的诗歌，也许要从他这里发端萌芽。（于建荣）

永远在寻梦的路上

这是一部与"美"有关的集子。

问花观鱼，知风懂雨，与一切生灵对话，诗人崇尚自然之美。

在亲情的无私里心安，在爱情的微妙中痴醉，对孩童的天真还以微笑，对迷途者的恶行给以宽恕，诗人深谙人性之美。

用诗句讲述佛陀的故事，上帝的情怀，与老子神交，携庄子同游，诗人不断追寻智慧之美。

人们对"美"总有一种本能的认知，对美的事物忍不住接近，追求，渴望碰触甚至得到。诗人东方导的《采梦集》集诸美于一身，清新自然，读来让人心静，让人心生善意，让人忍不住奔向大自然的怀抱去呼吸自由的空气。泰戈尔曾说，"艺术家是自然的情人，所以他是自然的奴隶，也是自然的主人。"或许正因此，东方导先生诗中诸美的本源似乎均可归结为自然之美，如同"道法自然"已是永恒的道理。

据传，佛教有一个这样的故事：佛在灵山，众人问法，佛不说话，只随手拿起一朵金婆罗花，示之。众弟子不解，唯迦叶尊者破颜微笑，只有他悟出道来了。宇宙间的奥秘，不过在一朵寻常的花中。

是谁派你来的呢？你这小小的乳白的精灵，在凌晨四点的时候，偷偷地在嫩叶间开放了。你的幽深的清香，又是怎样散播到夜的静里来的呢？

诗人在深夜流连于自然美景，与一朵茉莉对话。天地有大美而不言，或许人与花相看时，世界都是静默的吧。静静地感知花鸟虫鱼的心意，以臻于物我两忘之境界。

妈妈，你们原来不是说弄脏手是坏孩子么？呵，不，宝贝，春天来了的时候，那些规矩就不重要了！当你在美景如画的春光中游弋时，什么都不重要了。

在大自然与孩童的天真面前，没有居高临下的旨意，没有不可逾越的法则，一切世俗的规矩都变得微不足道。

藏在心底的秘密，只能在黑夜里诉说。妈妈，即使是对你我也不会倾诉。未来在哪里？我的泪如春雨潇潇而下。有谁告诉我，未来在哪里？想到在异乡飘泊不了时，妈妈，我还可以投靠你，我又感到一丝的慰藉。

　　漂泊异乡的游子，常常心中苦闷而无人可说，前途迷茫却无人指引。然心中有人就有路，母亲是这浮华世界中永恒的温暖与归路。

　　当晨鸟的欢歌刚刚打破清晨的宁静，春天的微风开始吹拂树的嫩叶时，你第一个守望夜的逝去，光明的来临。整夜里你不知疲惫牵挂的星星在夜空中发出璀璨的光，但当光明来临时，她却消失在天空了。

　　如此静美的句子，不矫揉，不造作，却轻轻悄悄地深入人心。执着的守候不一定能等来结果，但过程已然美好。如同仓央嘉措，你见或者不见我，我就在那里，不悲不喜。又如作者诗中所言："为了守护你，我宁愿将这世界一起照看。"心有所待，亦是幸福。

　　我就这样造着我的草鞋，饥肠漉漉，无米下炊，也不去做什么宰相。楚国有一只乌龟，本来活了三千多岁，如今供在楚王的神龛里，早已化为龟甲。我宁愿活在污泥里，也要做一只摇尾的活龟。

　　是做禁锢于神龛高高在上的龟甲，还是做摇尾于污泥自由自在的活龟？两千多年后，诗人同庄子一样选择了后者，不事浮华，踏实而自由地活着恰是一种生命艺术。

　　在诸多新潮诗歌流派异军突起，冲向时代前沿的当下，东方导先生的《采梦集》便是一次返璞归真，重新回归诗歌最初的神秘与美感。他用诗歌的方式同100年前的泰戈尔对话，心灵的契合，哪怕一个世纪的时空也不能阻碍。"浅薄在当代受到宠信，诗歌只是金钱的附庸。"诗人痛心疾首地控诉这个缺失理想、追逐享乐的时代，同时又满怀期待地向100年后的人们追问，100年后，谁在读我的诗篇呢？笔者乐观地预料，"爱美之心，人皆有之"，100年后亦如今日，亦如100前。

　　亚里士多德说，"美是一种善，其所以引起快感正因为它是善。"东方导先生历尽人生沧桑，坚持"爱"与"美"的理想，在亚氏哲学中圆融通达，心怀善意，呈现美好，数十年而不倦。

　　不忘初心，方得始终。诗人已过了做梦的年龄，然依然能诗意地栖居，于人世间寻梦。用最老练又最纯真的慧眼，参悟远古智慧，勘察世间百态，静观人心奥秘。质性自然，与一切生灵对话，歌颂美妙而神秘的爱情。游刃寰宇，让灵魂驰骋于天地之间，追寻更高境界的自由。

　　撑一支长篙，向青草更青处，漫溯。
　　诗人始终在寻梦的路上。

（夏雨雪）

采梦在人间

东方导先生继《爱之密境》之后，又为我们带来了一本散发着墨香的全新诗歌大作——《采梦集》。如果说对爱的追求是人类最原始的冲动，那么对梦的追逐，就是人类最高贵的激情。

笔者有幸在本书出版之前得以一饱眼福，怀着一种不断惊讶、感叹的心情一口气通读全诗后，便发现诗人以细微、敏锐的感知，平实不凡的语言，深奥神秘的意境，向我们呈现出了爱情的微妙与神秘、自然的新奇与俊美、家庭的温馨与童趣、智者的淡泊与博大。字里行间无不透露出作者对爱情的执着，对大自然的景仰，对母爱与童真的欣赏，以及对真善美本源的追求。

微妙的爱情是人类最美好的情愫。诗人笔下的爱情，朦胧而纯美，超凡而脱俗，让人充满幻想，又回味无穷。每个人都会以自己的方式，去追求心中的挚爱。是改变？是等待？还是守望？是化作夏日的晨风、炎日的阵雨、杯中的馨香、还有梦中人，只为一睹芳容？是寻寻觅觅，千回万转，也仍要等待属于自己的璀璨之星？是静静守候，不做打扰，只愿一份安宁能带来平和的笑容？也许所有，都只是因为在双眸相遇的那一刹那，在莞尔一笑的一瞬间，爱平淡了流年，点燃了新生。

　　于诗人来说，大自然就是诗歌最好的载体。骄阳、明月、白云、星光、微风、细雨、落叶、花香、流水、蝉鸣、鸟叫、蝶舞，这些大自然的景象有如精灵，在诗人深情的吟叹中变得栩栩如生，动人心弦，又直击灵魂。大自然养育了人类，但人类却在对自然的挥霍中迷失了自己。人们沉迷于金钱、财富、名誉的追逐中时，便忘了有时候也该驻足，欣赏这大自然的馈赠，让心灵得以休憩。诗人用富有哲理、行云流水般的语言告诉我们：梦想，不是金钱与权利，应该是对自然的留恋，对自由的坚守。

　　家是守护童真、感悟人心、积蓄力量、滋养灵魂的港湾。而爱是家庭这个港湾温馨与幸福的源泉。当您看到小宝贝在爱的包容下尽情享受大自然时，当您看到小宝贝动容地央求要照顾妈妈时，当您看到小宝贝默默学会把最爱的东西分享给妈妈时，当您看到小宝贝长大后对梦想坚持到底、义无反顾时，我相信您也会同我一样，真切体会到爱的力量；而小宝贝的成长之路，更如一面镜子，折射出成年人人性的沉沦。那些直言不讳的童真如醍醐灌顶，带给我们深深地反思。家是梦的摇篮，爱是梦的源泉。也许追梦的路上满是荆棘、孤独和彷徨，但爱能给予人抚慰、力量和方向。

　　庄子与惠子游于濠梁，庄周梦蝶，这些充满思辨的故事都被诗人重新进行了演绎。孔子周游列国向老子求治国之道，屈原不愿做亡国奴'而投汨罗江自尽，李白不满阿谀权贵愤而归隐山林，不禁让我们感慨万千：国若不正，道若不立，纵有绝代才华也枉然也。诗人在旁征博引，吟唱古人的同时，也委婉道出了对现实的种种忧虑。时代从不缺乏智者，道义从来取自人心，在任何时代，只有坚持平等、公平的政治原则，才能让忠诚、智慧发挥神圣的力量。远古的智者虽已远去，但其光芒却停留在历史的长河中熠熠生辉。

　　诗人对庄子与老子的智慧充满仰慕，更对佛祖与上帝的博爱心怀感激。诗人用诗一般的故事告诉我们：人人应有信仰，无论对佛祖还是上帝，都应心怀敬畏。佛祖与上帝赋予人以智慧，向善和从善才能达到人生的至高境界。

　　东方导先生的诗歌自然清新又隽永精深，形式上不拘一格，亦或三言两语，意蕴悠长、耐人寻味，亦或格律排比，简洁明快、朗朗上口。博古通今，源于生活又高于生活的取材让该诗集既雅致又生气勃勃。可以说，达到了追求简约但不平庸，追求华美但不媚俗的境界，必将给中国诗歌爱好者送去一份不可多得惊喜。　（六六）

序 四

在诗中寻找梦

佛说："你心里面有什么，眼里面看到的就是什么。"同样的，我觉得，诗就是诗人的灵魂。诗人的身影，也就躲藏在这诗的字里行间。

读东方导先生的《爱之密境》，会看到爱情的美好与挣扎，更多的是年少青葱的岁月中俏脸微晕的向往；而今，先生的《采梦集》，更多的已经是脱去少年青涩后对自然与人类的爱的苦苦求索。

爱可以很具体，具体到生活中的点滴："妈妈，你怎么能对我的礼物一点也不惊诧呢？这是幼儿园周末发的馒头，你不是说很好吃吗？我自己也舍不得吃，一直藏在书包里留给你的呀！"

爱可以很抽象，抽象在时间的缝隙："破晓，我迎着晨光，在鸟鸣的欢歌中朗读；中午，我躺在摇椅上，把书举在天空诵读；黄昏，我漫步湖畔，在柳条的轻拂下默读。"

与《爱之密境》相比，先生如今的诗，不仅是对于美丽事物的情感，更多的是对世界的慈悲。爱本无形，却并不空灵。

爱美人，"为了一睹你的芳容，我愿化作那夏日的晨风，当你从身边匆匆走过时，轻轻将你的发丝吹动。"

爱孩子，"我真的什么也不要！我愿做你们母子的奴隶，随时听候主人的吩咐，在你们这里，我不讲尊严、也不计得失、更不讲面子，因为上天给了我两个无价之宝，我还需要什么呢？"

爱庄子，"我就这样造着我的草鞋，饥肠漉漉，无米下炊，也不去做什么宰相。楚国有一只乌龟，本来活了三千多岁，如今供在楚王的神龛里，早已化为龟甲。我宁愿活在污泥里，也要做一只摇尾的活龟。"

爱自然，" 今天呀，诗人用镜头把你摄取，把你与盆栽的花儿对比，于是便发现惊奇的秘密。无论用什么心机，也无论怎样去努力，也达不到自然的神力。"

爱长江，"我抚着五千岁母亲的眼/我再也忍不住滂沱大泪/在泪雨滚滚的朦胧前/我祈求我的母亲河/不要失明/不要失明。"

爱芸芸众生，"上帝静默许久，庄严地说道：我虽是万物的主宰，但我什么也不会给你！只有依靠你自己，每一个愿望才会实现。因为我万年前已把智慧种在人的心田，就等你们自己去开发利用。"

东方导先生的文字是柔和、自然而又感性的。无论是欢乐、悲伤、愤怒，这所有的感情都潜在字里行间；所有的对这世界的爱，像融化的糖汁，甜蜜柔软的，纷撒在这许多字句里。

先生，我要在这诗中寻找你的影子；也是在诗中，寻找你的灵魂。（**莲光**）

1

　　太阳正要收起最后一抹金光时，我匆匆越过衰黄的草地和翻晒的泥土，来到你的房子前叩你的门，却发现你房子没有墙壁，也没有门窗，我不知门在哪里，无从叩起。

　　落日余晖里，南迁的大雁正用翅膀叩击遥远的征程。我好像恭顺的仆人，只是静候你的命令。

2

　　静候已久，子夜降临，寒星在暗夜里闪着微弱的光。你是宇宙的主宰，正注视着这万物的细节。我还是忍不住叩你的门，问真理在哪里，但你始终一语不发、沉默如金。

　　我肃立在你门前，苦苦地等，全神贯注倾听，惟恐遗漏你任何的声音。寒星消失，漫漫长夜后又迎来了黎明。整夜的企盼，你不给我任何音讯。

　　当我开启回程之旅时，却突然领悟了真理。

3

　　你，君临天下的君主，权力与财富的拥有者，荣誉与尊严的发源地，是那么高贵与完美，神圣而不可侵犯。

　　你屹立在广场的中央，极目远眺，指点江山。深夜无人时，我爬上台阶，伸手在你胸口叩一叩：你代表公平吗？为何世间的穷人这么多！你代表公正吗？为何世间的冤案这么多！你代表正确吗？为何错误这么多！

　　在夜幕的掩护下，你快从神坛下来吧，因为抬你上去的都是小人。当你变得卑微如尘埃时，才是真正的神明。

4

晨风轻吻着田野，你在静寂的河道上行色匆匆，我想问：你从哪里来，又到哪里去呢？

你脚步匆匆，我想问：你是谁呢？

晨鸟在树林上欢迎你这陌路人，我想问又不敢问，只是回头偷窥你的背影。

5

　　你去哪里了呢？我在深夜的花园小径中寻找你，夜幕笼罩着高楼与树丛，小路在黑暗中无尽地延伸。在朦胧的树丛的静默里，我在倾听你的声音。

　　你去哪里去了呢？寒风吹拂着我的脸颊，乌云在幕色里泛着青光，星星全被掩埋了，我的眼光射过层层的黑幕，要在宇宙里追寻你。

　　我整夜地徘徊，在徘徊中守望，又在守望中徘徊.。在夜的呢喃里，我在聆听你渐行渐近的足音。

6

　　回来吧，靠在门框边，我目光越过冬日荒废的田地，落到东边土路拐弯处，一直企盼你的身影出现。

　　回来吧，我已把灶膛的柴火烧旺，红薯正埋在火星堆里，浓香正等待你的品尝。

　　回来吧，我的游子，过年的炊烟已在天空飘起，乡情在引胫遥望：我的游子，你的归期在哪里？

7

丢下你的工作，到花园的曲径中来漫步吧。即使所有灯光都已熄灭，夜幕中找不到前行的路，也请你丢下工作，来夜色里漫步。

到深冬的大地上来游荡吧。即使凛冽的寒风拂面而来，晦暗的天空里见不到星星，也请丢下你的工作，来暮霭中徘徊。

在冰冷的寒风里，我一直企求你的来临。

8

　　我醒来时，你已走了，只剩下雨珠爬在窗玻璃上挣扎。雨雾朦胧，望不到你的背影。

　　你偷偷潜入我昨夜的梦里，今晨却遍寻不见。你的气息，已透彻我周身。

　　　　　　　　　摘下这朵腊梅，拿了去罢，整个冬天孕育的礼物，只有你配接受。我曾在梦里沉吟千万遍，今天醒起时，却错失了礼物的奉献。

9

你收起了鲜华与绿叶时，我在瑟瑟寒风中扬帆起程了。

尽管沿途万物萧条，落叶飘零，我顶风冒雨向你靠近。因为我知道，你正在征途的某地向我召唤。

从春至冬，繁花似锦，我目不暇接，欲望纷呈。深冬来临时，我才舍弃一切，踏上行程。我把攥在手里的一朵枯花展现在你眼前时，你双眼的光辉照亮了我的世界。

10

　　我问佛："我是谁呢？"佛说："你谁也不是！"

　　我便到我自己的门口行乞："施舍点吧，我的主人！"我打开门，呵斥道："走开，你这无耻的乞丐！"

　　我不甘心，又抬手敲门："主人，施舍点吧，我曾给你家财万贯，今天我落难了，请给我点残羹冷炙！"

　　我大声训斥："走开，你这个口出狂言的怪人！"

　　我又问佛："到底什么是人？"佛说："人不认识自己，也不会认识他人。"

11

　　新年的钟声就要敲响了，我站在寒风中不知所措。在供献的人流前，我孑然一身，两手空空。

　　过去的时光，我因追逐你的脚步而四处流浪。迷失在你教导的洪流中，我忘记了收获与播种。

　　我只好摘下寒枝上一朵腊梅，采撷一把枯黄的芦苇，进献到你的殿前。

12

　　沉浸在追赶你的喜悦中，我忘记了路之远近、沿途风景。我的心充溢着膜拜你的兴奋。

　　在寂静清新的山路上，我以甘泉与清风果腹。只有圣洁的你呀，才配我如此虔诚地膜拜。

　　路旁的蒲公英，是你赏赐给我的知音，随风吹拂，带领我朝你方向靠近。

13

夜幕沉罩的天穹下，人们以贪欲与奢侈为傲。他们赤裸裸在酒池肉林上跳舞，又在纸醉金迷中歌笑，腐臭的呼息，刚吐出唇就已烂掉。

陷在欲望的泥潭里，他们用丑陋互相取笑。他们抱着浅薄昂首阔步，却以为真理在握。他们用无私包裹着自私，在光天化日里粉墨登场，把良心赶尽杀绝。

他们用绳索把穷人绑在屠宰台上，却不停地呼叫："你们富起来、富起来！"在穷人看不到的地方，他们用眼神嘲笑。污秽的牙齿，犹如切割的利刀。

14

就在寒冬里出发吧，背上你的古琴，也带起你的长笛，穿过雨雾濛濛的山径，迎着凛冽刺骨的寒风，到这山林里来唱一曲吧。

严寒降临的第一天，水雾笼罩着山头，冬雨淋湿着树枝，茅草在山路边低头无语时，你吹响悠扬的长笛，和风雨中的生命一起合唱吧。

在这寒冷的季节里，我折不到树枝上的一朵花，也采不到林地一株苗，我只有请你自己弹一曲，和着冬之生命唱逍遥。

15

　　淫雨覆盖着大地，寒风在天空中呼啸，家家闭户了，严寒已统治了外面的世界。在孤寂落寞的日子里，我已听到你轻悄的脚步。

　　我一直打开门，在静默中等待你的光临。漫长的等候，听到你从遥远的星球启程。

　　我从黑幕里向四处企望，你是逾越荒凉的群山过来吗？还是经过那些寂寥的村庄呢？

16

　　你拨开雾霾，在玻璃窗上轻声的呼唤。我满怀喜悦地迎接久违的你。

　　躲在你温暖的怀抱里，时间停滞了。宁静中，我才懂得生命的意义。

　　你哺育着万物的一切，默默无语。你不学流水的喧哗，以静默为教化的宗旨。

17

　　我攀登过曲折陡峭的山路，却始终赶不上你的背影。

　　到了顶峰，也不知你的模样。我只有喃喃自语："人生的意义呢？你能告诉我人生的意义吗？"轻风吹过山头，又拂过低谷，只有冬阳照耀下的群山静默无语。

　　茅草举着枯黄直指青天："请你告诉我，生命的意义！"

18

　　怅惘若失的心，因见不着你而流浪。淹没在自私、贪婪、欺诈与虚假的洪流中，我拼命挣扎而痛苦不堪。

　　只有追寻你的脚步，我才有心灵的依托。枯枝掉落到泥地上，枯树是美丽的。山石暴露在泥路上，山石是美丽的。

　　人的美丽是多么短暂与不堪呀！

　　化作山道边的一棵树，总有一天你会从我身旁经过。

　　化作泥路中的一块石，总有一次你会从我身上踏过。

　　化作水岸边的一根苇草，总有一次你会乘一叶扁舟而来。

　　我携一根苇笛，尽情吹奏你的颂歌，曲径上，湖水边，或高山之巅。我只愿我的歌声，永远将你的脚步追随。

20

　　日光倾泻到绿叶与大地上，我穿过嬉笑的孩子的道边。路的尽头，我才发现你在别处等候。

　　我不知你在哪里，傍晚来临，阳光消失了身影，我的脚步却不敢稍停。

　　月光照出我身影时，我才顿悟，原来离我最近的在最远处，而离我最远的就在身旁。

21

　　你是飘浮的睡莲，绽放在碧绿中给我惊喜。你是一棵树，一蔸草，在微风中给我鼓励。你是一根长笛，吹出悠扬的音符，飘荡在千山万谷。

22

晨光初起时出发，我已经历漫长的等待，要在这天到达你面前。

早春时候就出发，我已经历很多次召唤，浏览着山林与田野，也要在这天来到你的面前。

现在就出发，即使有些晚了。当我端起芳香满溢的酒杯，喉咙里挣扎着祝福的话语时，眼眶已盈满了蒙眬的泪水。

23

　　当晨鸟的欢歌刚刚打破清晨的宁静，春天的微风开始吹拂树的嫩叶时，你是第一个守望夜的逝去，光明的来临。

　　整夜里你不知疲惫牵挂的星星一直在夜空中发出璀璨的光，但当光明来临时，她却消失在天空了。

24

　　树叶间的嫩芽尖，诞生在春寒料峭的天气里，领导一个崭新的世界。

　　粉嫩的迎春花，悄悄地开放在早春的风雨里，告诉你新春已到了。

　　大自然的轮回里，总是重复去年的故事。万物短暂休息之后，生命再次开始。回首往事时，岁月已无情地流逝。

25

潇潇春雨，洗去了你的踪影。

最美的容颜，总在风霜磨砺后再现。你把最好的愿望都呈现了，那些迟钝的人并不知道。

夏天的阴影里，蹒跚学步的娃娃，摇摇晃晃牵在母亲的手里，似乎他自己可以行走了。

明明只会说"妈妈，妈妈"这两个字，却总是说个不停，好像自己可以和大人交流了。

27

黑夜合上天空的眼睛，春雨用秘密的脚步行走。

我本想撑出我的船帆，但不安与犹豫又使我在慵懒中入梦。

不堪的我呀！陷在追求自由的束缚里，怎么也迈不开脚步。我的歌咽在喉咙里，唱不破那厚实的雨幕。

28

　　在人流中偷偷欣赏你的背影，而你并不知道。
　　在人流中各自寻找风景，总能不期而遇。
　　星辰运转永不停息，合适的距离永远是和谐的保
障。
　　大自然花开花落时的一瞬，那么短暂而又兴奋。

29

　　你是越过细雨与灯光编织的梦境而来的吗？我在雨脚的间歇里等候你，整夜都在辗转反侧。疲惫中入梦了，我却不知你已来到。

　　光明的使者，春的主宰，你蓬勃的气息汹涌而来，你要带给我一个怎样奇异而新鲜的世界呢？

30

　　我采撷春天的花朵献给你。它们盛开在江滨，饱经三月的风雨锤炼，粉嫩的容颜最是赏心悦目。

　　阳光从云层散射大地时，我踏过酥软的河滩草地，寻采青翠的苇茎献给你。它开在小草花丛中，默默伸张着青春的活力。

　　吩咐我吧，趁万物苏醒时，我要拥抱等待已久的光明。

五月的微风轻抚着大地。沉浸在你漫无际涯的光辉里，我不知你在哪里。

五月的微风吹过湖面，没有留下任何涟漪。岸边的游鱼，自在快乐地嬉戏。听到吗？它们正在你愉悦的旋律里起舞，感受你温暖的气息。

你悄悄把果实挂在枝头了，我不经意间并未发现。

穿过清晨，你的长发在芬芳里飘逸。

穿过幽寂的林荫道，攀登过斑驳的石阶，汗水从你额头滴落。

穿过夜幕降临的山谷，秋夜的凉风吹在你的额头。你把灯挂在山顶最高的树枝上，圆月升起来时，那些最亮的星星在幽寂的天空若隐若现。在月亮的光辉里，你的灯和你的双眸，如星星一样闪耀。

妈妈，如果你愿意，我要回到对岸上学去。

一条清清的河水从古朴的校园安静地穿过。夏天，各种肤色的孩子一边划着桨，一边高谈阔论着从两岸的草坡走过。他们的声音，划破了天空的宁静。

清晨，孩子们走过没有围墙的土地，穿过那些悠久的高大的铁栅门，匆匆朝他们各自的教室奔去。中午，孩子们有的在林荫道里漫步，有的围坐在草地上闲谈，不远处陪伴着他们的那些红墙白顶的房屋，已伫立三百多年。八位总统，二十多位诺奖得主，都曾从那些房子里进进出出。

如此辉煌，如此宁静，她只在乎三个伙伴：柏拉图、亚里士多德，还有真理。

妈妈，如果你愿意，我宁愿回到那边上学去。

34

　　你的眼神所到之处，静静地披上一层朦胧的银辉。你让我隐去了尘世的忧愁，偷闲在梦幻里优游。

　　你的眼光，织成我今夜迷离的岁月，唤起我吟唱那些美好的句子，只让你一人倾听。

　　你偷偷把馨香送到我的周围。月圆之夜，总让寻觅的人微微欲醉。

在湖边长椅上坐下来，让宁静光顾你躁动不安的心灵，让山谷的清风吹去尘世的浮尘，把灵魂暴露在阳光底下。

时光在季节里轮回，你却忘了沿途的风景。今日的光明里，水草轻摇着碧绿的叶片，柳条蔬落在半空，一只蝴蝶扇着斑斓的双翅，来到小草花边嬉戏。

让阳光倾泻你裸露的身心，把污染冲洗至净。

在收获的季节里，我采摘什么礼物送给你？

在百花间流连，却不知奉献什么为好。这是你给予的一切，我又要挑选来献给你，我的礼物只是增添了虔诚的意念。

我采撷秋日几缕阳光，几片银杏的落叶与清脆的鸟鸣奉献给你。我知道，任何真正的采献都将违背你的意愿，把你创造的留在这里，就是最好的奉献。

秋风吹乱你飘逸的长发时，你为何要用手指梳了又梳呢？

秋风卷起一地落叶时，你可知道，每一片落叶，都是一颗陨落的星星？星星有多少，落叶就有多少。

秋风敲开你心头的烦恼时，你可知道，秋风本无烦恼，躲在背风的地方，风停烦恼消。

38

妈妈，如果我是卖报的小女孩，双手托着一叠厚厚的报纸，向你唤道："买报不？买报不？二元一份的报纸！"

妈妈， 你会买吗？

妈妈，如果我是一条刚满月的小狗，来到你家里，不停地汪汪地叫。你会让我躲进你的怀抱吗？

妈妈，如果我是夏夜的一只鸣蝉，不停地用翅膀叩响玻璃门。你会打开门让我躲避风雨吗？

　　请摘下这朵花来，拿了去罢，不要迟疑！当芳香还驻留在枝头，秋风还未吹散花蕊的时候，请你摘下这花儿，拿了去罢，不要迟疑！

　　深夜时，就把她放在枕边，让馨香带着阳光的温度，潜入你梦里，把白天的烦恼驱散干净。

40

　　徘徊在你的音乐前，我的心充满了不可言说的喜悦。我想仰望你的面，可自尊令我又止步不前。我的心，因你的乐音而炸裂。

西山正藏起夕阳的金光，群山伸出臂膀把湖水抱在怀里。

山谷里突然传来孩子亢奋的喊山声，似乎想让群山知晓他们心中的激动。

夜幕吞噬了山水时，游人已不见踪影。沉浸在茫茫夜色里，我忘记了尘世的一切。山外每一个家庭，正呼唤游人回家的身影。

42

　　鸟儿因翱翔天空而拥有翅膀，还能反射星星与太阳的光芒。

　　人想变成天使而拥有翅膀，不过为了吸引别人的目光。

花丛里，为何你在月光下独酌呢？没有亲朋的陪伴，又有什么可遗憾的！你伸手向月亮举起杯子，月亮呀，影子呀，加上你自己，不就是三人共饮了吗？

月亮不明白饮酒的快乐，你的影子会明白吗？他们不明白又有什么可遗憾的呀！你用飘落的桂花当作下酒菜，醉眼朦胧时，你一边唱歌又一边跳舞。只有月亮悄悄移步，欣赏你的舞姿，只有你自己的影子，跟随你倾听歌声。

无私的友情去哪儿找呢！人世间充满世俗虚伪，只有那遥远飘渺的天宫，才能找到纯真的友谊吗？

44

　　消磨在秋日里，你忧愁什么呢？落叶飘零，你是怕秋天已降临吗？秋天来了就来了，不如在东篱下的西风中，举起你的杯，邀请菊花一同饮酒。任由西风瑟瑟，寒雨潇潇，直至薄暮沉沉。

　　挨延在秋夜的漫长里，你忧愁什么呢？当秋风轻叩你的门窗，送来阵阵凉意时，你是怕它告诉你，秋天已然降临了？秋天来了就来了，尽管它吹散了花香，吹瘦了黄花，不如端起你的杯来，邀请天外的寒星一同饮酒。

百花早已凋谢，柳条不再嫩青，天空掠过的鸟鸣也没有春天动听。

我只有给你采拾一些银杏的叶片，它们有的还点缀在枝头，有的已飘落到地面。这嫩黄的小叶，犹如婴儿的手掌，轻抚时送来温馨的暖意。

　　我在寒雾包裹着的迷茫中出发了。穿过未苏醒的房屋与道路，在晨鸟的鸣声指引下，朝着你的方向赶路。

　　白雾朦朦，严寒刺骨，我的汗水浸透了衣裤。累了的时候，我坐在路边，朝着你的方向吹起我的竹笛。

公元前 500 多年的一天，孔子在房间里一边弹琴一边唱歌。

学生子路与子贡在房子外议论道："老师两次被鲁国驱逐出境，后又被卫国国君赶走，在宋国遭到伐树的耻辱，如今被困在陈、蔡两国之间，还能弹琴唱歌，老师的脸皮也够厚的呀！"

这话被正在择野菜的学生颜回听到了，就跑到屋子里告诉孔子。孔子推开琴，叹息着说："子路与子贡都是见识浅薄的人呀，去叫他们进来，我有话要说。"

子路、子贡一进门，子路就说："我们如今这个样子，真是走投无路了呀！"孔子说："这算什么话呀，我们是怀着圣洁的理想，力行仁义之道而遇到乱世的祸患，怎么能说是走投无路呢？你看那松树、柏树，即使在霜雪交加的严冬，依然保持青翠不谢。陈、蔡的祸患，反而是一件考验我们意志的好事呀！"

孔子说完，重新又弹琴唱歌，子路受了老师的感染，便手持干戈跳舞。

子贡在旁感叹道："我真是不知天高地厚呀！"

古代的圣人，真的是得志的时候高兴，不得志的时候也高兴，因为他们高兴的不是得志与不得志，而是心中持有的信念。

48

　　我要撑出我的船去！雾霾已统治人间太久，时光都在阴影里虚掷了，当第一缕阳光铺满大地时，我必须撑出我的船，到波光浩淼的春江中游弋。

　　我的船很小，小得如同飘落的一片黄叶，虽然随时有倾覆的危险，却载负着神圣的使命，沉浮在波涛汹涌中。

49

雾霾深锁，寒雨飘落，我不停地向天空探望，见不到任何慰藉的光亮。

我的心为何飘忽不定？我只有等待你驱散阴霾笼罩的岁月，让阳光亲吻那些憔悴的心灵！

等候的日子里，我要端起杯来，让我用生命把白天点亮！

与你不期而遇，我忽略了矜持。我用无言的激动表达仰慕的虔诚！

我要怎样地迎接你呢？我只有把身心投入你的怀抱，把一切都献给你，才能抒发我的诚意。裹在纷飞的世界里，漫无边际，让你冷艳的唇飞吻我冰冷而温暖的脸庞。

你带着一个神奇的故事从天而降，总在严寒的季节里来温暖人心。你片刻前还在空中编织美梦，片刻落地化为无形。

51

　　使我年轻，这样做是你的欢乐，也是我的欢乐。这单调的躯壳，你经常用新欲望来充满，使我感受到无可言说的喜悦。

　　春阳照耀青山环抱的山道，我只是在阳光下默默地走着。任凭新风浸入肺腑，任凭白鹭在山间翻飞，雀儿在矮树丛里欢快的鸣叫。

　　太阳升上中天，风也住了，当把疲惫交付给睡眠时，我就在小溪的潺潺声里停下，四肢展布在枯黄的草地上，看蓝天无边无际。

　　我要采撷新春的第一缕阳光，掺杂着冬草的香气，给你带去春的讯息。

　　我要邮寄孩童天真无邪的笑脸，连同那些银铃般的话语，唤醒你人生的兴趣。

　　我要送你一块枯黄而柔软的草地，迎着灿烂的金光，让自由与快乐包裹着你。

独自在空寂的街上走过，忽然觉得我是这个城市的主人。

我想去小河堤散步。踏着泥土路，欣赏我的世界。天空辽阔而蔚蓝，河水明净而清澈，阳光温暖而清新。我忽然觉得我是这世界的主人。

你赐予我太多，我回报的又太少，我总在欲望的苦海里迷失了自己。

54

　　微风轻摇着嫩芽，让我来到你身旁，不发出大的声息，我只是静静地坐一会，感受到休憩与安逸。

　　温暖的阳光普照下，我只是悄悄地体味你的存在。你把春天入驻我内心，带来温暖与宁静。

　　春风拂过轻晃的树叶，又跨过我之身心，未留下任何踪影。

55

　　春天的花朵，在去年凋落的枝头又绽放了。

　　今晨的太阳，在昨日升起的地方又出现了。

　　无数的星辰，在各自的轨道运行，从终点又回到了起点。佛说，生命可以轮回，万物周而复始。

春风在柳条上轻叹，叹着春光的无奈。

春阳未晒软枝条，烟雨又笼罩着湖岸。这烟雨是从何处生？它消隐了光明，又使你伤心！

春风把你长发吹拂，拂出天生丽质：这春风从何处生？它消隐了忧愁，又使你百媚生！

57

潺潺水流倾泻在奇石间，你告诉我春天降临了。

你把春天写在明净辽远的天空，又把春天藏在连绵起伏的山峦，你用千万种生命的新生，唤醒那些等待很久的心灵。

你用温馨的秘密的脚步，引导我投入你的怀抱。

为了守护你，我宁愿将这世界一起照看。

在深夜的静穆里，星星躲在云层后面，对我眨眨眼，和我一同守视着这酣睡的城市、错落的房屋，与正在睡梦中微笑的你。

59

　　垂柳呀，你还记得去年夏天那个湖边溜达的人么？薄暮黄昏，他来到断桥边，折下一片柳叶，吹奏那首千古流转的《折杨柳》。湖水悠悠，夕阳如血，他的曲子越过湖面，消失在寂静群山之上。

　　明月的光辉倾泻湖面，微风从湖里轻拂来，吹在木栅栏上。迷离月光，曾消磨过千年前李白的寂寞，但能化解今夜的孤独么？

　　明月如故，清风万古。

60

　　夜光里巡走，微风如波涛荡漾着我的肌肤。我仰望那深远无际的天空，感到莫明的蔚籍。

　　抬起头来，仰望天空，无论白天或黑夜，你能用仰望获得自由、快乐与安宁。

　　上帝赋予黑亮的眼睛，是让你探视那深邃的星空。

61

　　飞鸟呀，请告诉我，当阳光温暖了大地时，请告诉我一同出发的讯息：你的翅膀翻飞在蓝天里，正在呼唤着这个世界。

　　飞鸟呀，请告诉我，当草地铺满飘落的银杏叶时，请告诉我草地是何等地惬意：银杏叶，宛如婴儿的手掌，轻轻地抚摸在你身上。

　　飞鸟啊，请告诉我，明亮的天空下，我贪婪的目光在连绵的群山、蔚蓝的湖水、小岛的树林间睃巡：我该停留在哪里呢？

是谁给你剪裁这一身金色的衣裳的？是冬至老人的巧手，在深夜用冰露与星光，悄悄织成的吧？你冷艳与圣洁的美，令我贪婪的目光盯在你身上留连。

严寒里盛开的你呀，用无语或沉默，令世界所有的颜色都失色！白天，你与阳光为伍。夜晚，你与星光互耀。

63

　　朔风拂面，落叶纷飞，即使寒风吹尽最后一片叶，也吹不散我心中的思念。寒夜沉沉，暮色深深，我的思念里住着一盏明灯。有时那么远，远在天边；有时那般近，近在身边。

　　即使寒风吹尽所有的树叶，即使所有的落叶辗压成泥，即使凛冬冰封了生命的一切，也消减不了我心中热烈的思念。只因你把光明，播种在黑暗里。

64

　　深沉的夜呀，让我做你的歌手吧，当人们在你的黑幕里酣睡时，我要用笨拙而虔诚的声音把他们唤醒。

　　他们静默多时，时光流逝，漫长的等待几乎使他们的耐心消失殆尽。黎明来到时，他们却已纷纷睡倒。

　　静穆的夜呀，让我做你的歌手吧，当我喉咙嘶哑而发不出声时，我要拔动朴实的琴弦，抚慰那些疲惫的心灵。

　　黑暗的夜呀，让我做你的歌手吧，当星星在乌云间流浪，曙光还隐在东山下时，我要把那些企盼的心灵唤醒！．

65

　　是你来了吗？当凛冬的夜风轻叩着我的门窗，黑夜给大地披裹着一层冰冷的厚幕时，只有我的灯还亮着，我正等待你踏过无数的星辰，朝我走来。

　　月亮远去了，寒星在寂廖的天庭上闪耀，大地的人们都已在温暖的衾被里入睡，只有我打开我的门，拨动着轻细的琴弦，和着你高贵而清脆的足音。

　　长夜漫漫，严寒彻骨，我一忽儿把琴举到头顶，一忽儿又把它抱在怀中，当我倦怠不堪时，我又把它当做头枕。等待的暖流，激荡在周身。当第一缕曙光照着我的梦靥时，我却不知你已悄悄来到。

66

　　穿过雨季之迷茫，向春天出发吧。天空低沉，雨水蒙住你的视线，花在春雨的滋润里悄悄盛开了，草与叶也已青翠欲滴。

　　何必在乎阳光的照耀，出发吧，穿过长长的雨季，来轻踏湿润的青草给它以荣光，来采折盛开的春花解除它的寂寞。

亲爱的读者，你是谁呢？在油菜花驱散南国阴雨的第一天，你正读着我的诗。我的诗，能否如嫩黄的花瓣，令你目光为之一亮呢？

亲爱的读者，你是谁呢？春雨的间隙，阳光正慰藉万物的心灵时，你正读着我的诗。在这雨过天晴的第一天，我要摘一朵金花送给你，告诉你春天已到了。

我的诗能否如温润的春风，召唤你背起行囊，开启你的征程？

68

　　你是人间的这四月天，春阳温暖着你灿烂的面，金光闪烁着你迷惘的眼，细嫩柳条儿招摇在你招摇的发丝前。

　　远山倒立湖底，野凫击水游戈，青山绿了，万物新了，都是因为你是这人间的四月天。

　　新嫩，鲜妍，你呼吸里夹着泥土芳香的气味，你肌肤里散放着温与暖，你就是这人间的四月天。

69

两千多年前，庄子的在宋国的街道边织草鞋。一天，宋国的丞相惠子来看他，他放下手中的活计，一起来到桥上看鱼游于水。

庄子：鱼很快乐。

惠子：你不是鱼，怎么知道鱼很快乐？

庄子：你不是我，怎么知道我不知道鱼快乐？

惠子：我不是你，我不知你快乐，你不是鱼，也不知鱼的快乐。

庄子：你问我怎么知道鱼很快乐，说明你已知道我知道鱼很快乐。

庄子与惠子说话，水里的那条鱼，也许并不知道。两千多年了，人们欣赏庄子与惠子的对话，却没有想过主人公：鱼知不知道。

70

　　清晨一定会到来！我挨延在旅途的黑夜里辗转反侧，你透过夜的幽密，悄无声息地告诉我：清晨一定会到来。

　　我备好了桌椅，在凭栏之处。清晨与阳光一并降临，我才感到沐浴你的光辉的温暖。你安详的气息告诉我：清晨已经到来。

　　我端起我的杯，在晨光里与山河相碰，你透过晨风告诉我：除去所有的形式吧，用灵魂拥抱每一个清晨，才可消除暗夜留下的印痕。

出发吧！摇起木桨，摇起轻若浮叶的小舟的桨，出发吧！抛弃繁杂与世俗，也不要背什么行囊。出发吧，因为遥远的地方传来了你急促的呼唤。

趁青山还在，青山之间绿水长流，你在时光的缝隙里呼唤我，出发吧，握住每人一把的木桨，来人生的长河里作画吧：无论你怎么画，都不会留下任何印记。

你命令我时，我一定在合适的季节，从枝头飘落，也许飘落在空中，也许飘落在地面。

这小小的叶片，既不为了树的不挽留，也不因为寒风之凛冽，它飘零在寒风中，仅仅完成飘零的庄严。

73

请你捡起这片落叶，拿了去罢，趁叶里还留着秋的余温。

请你把她攥在手中，或揣在怀里，以你的爱怜，给她新生命的光宠。

旅行时，你就把她变成叶笛，在唇间吹出清馨的音乐，消除跋涉的寂寞。

请你拾起这片落叶，在深冬降临之前，秋风未卷走的时候。

74

　　冬天摘走了树的果实，又剥光了枝头所有的叶片，然而树是最美的；

　　没有了果实的沉重，没有了叶的装扮，只剩下裸露的躯杆，才可以与苍天靠得更近。

75

　　请你张开双臂，拥抱这安宁的夜晚吧：白昼早已远去，华灯也将次第熄灭，冬夜的微风，荡漾着朦胧的树影。

　　时间在今夜把这世界又刻上一道年轮，岁月总在辞旧中叹息，又在迎新里欢喜；只有那轻盈的心意，才能永葆年轻与美丽。

　　请你停下脚步，倾听那湖边飘来的笛声吧：鸟儿都已归巢熟睡了，只有那些年轻的心，还在深夜里充当守夜人。

你是如此寂寞，请你展颜一笑吧：时间并不算什么，多少过去已过去，多少未来还将来。

你闷闷不乐，请你抹去心上的尘土吧：记忆并不算什么，忘记应该忘记的，忘记不应忘记的，不忘的只有将来。

有多少爱，就有多少恨，爱恨如云卷云舒。只有依偎是永恒的，就像月亮依偎着星空，大树依偎着森林，河流依偎着大地，奔流不息。

愈是走向你，离你愈远。我心存虔诚，不必在乎方向的正反，也不必在乎距离的远近，甚至不必在乎是否找到你。

初夏的暖阳铺开千万条道路，微风吹落孤独的汗滴，我跋涉在路上。叶落叶生，蝶来蝶飞，我寻找在迷失里顿悟，原来我是在寻找自己！

初夏葱茏，我伸出双手向你乞讨，你什么也未赐予。

请命令我快乐吧，我已不知快乐为何物。没有你，我尘封在孤独与寂寞里，流离失所。

请穿越今晨的雾霭，用你的目光点燃我的目光吧。寒风凛冽，落叶凋零，你能在冬天里催发春之生命。

封锁在渴慕的日子里，我的欢乐呀，如那树里的寒鸟，常在绝望里鸣叫，不能晴空里逍遥。

79

　　昏暗的夜，你用秘密的脚步穿过暮霭中的歌声，向孤寂行进。

　　你吹起你的笛声，像母亲的安眠曲，轻轻抚慰林中的睡鸟，湖底的浮鱼，和那些高楼里失眠的心灵。

　　冬草刈了，有再生的时候；树叶落了，有新的萌芽。你的笛声，悄悄潜入每个人的睡梦。

80

我的心在你无言的召唤下踏上了旅程。

夕阳西下，湖面如镜，年轻的妈妈绕着她的宝贝唤道：小鸭子！小鸭子游过来吧，给我的宝宝看看。又张开双臂学那盘飞的白鹭：鸟儿这样飞呀飞呀！

我默然伫立，夕阳落山了，白鹭也不见踪迹。

81

　　冬雷在子夜的厚幕外呜咽滚动，寒雨密织着阻隔行人，瘟疫正借着黑幕的掩盖潜行。

　　隆隆的雷声，是你的脚步踏过厚幕外遥远的星辰。在深夜恐怖的梦里，你用光芒万丈的宝剑，划破黑暗降临！

　　我焦渴的心已不能再等，我接过你恩赐的宝剑，恢复自由、晴朗与光明。

82

　　你把春天当做舞台摆在窗外，不许任何人去靠近。春风吹得碧绿的湖面漾起涟漪，芳草堤上却不见你的踪影！

　　你是谁呢？主宰着这浩渺的宇宙，宇宙里所有的星辰，星辰上每个卑微的生命！

　　你用禁锢把世人封锁在各自的房间里，用无形的牢狱唤醒众生：停停，再停停，暂时摒弃手中的一切，抬起头来仰望星空。

你是这人间的四月天，晴光点亮了春之景，妩媚在晴明中交互着变。

你是这四月天里的缠绵，春风轻吹着花蕊的软，馨香阵阵漫叶边，还有这翩翩彩蝶戏唇前。

这娇，这婀娜，你是；花仙的冠冕你戴着，你是鲜妍，庄严，你是夜夜萦绕的梦圆。雨拭后的那叶新绿，你是；晨露滴过这朵睡莲，你像；娇嫩新鲜，春光中浮散着你梦的迷醉。

你是春花一树一树地开，彩蝶舞花前炫耀颜色，你是暖，是梦，是呢喃。我说你就是这人间的四月天。

84

妈妈，你看，我把小凳子搬到洗脸盆前，站在上面，就可以自己刷牙了。妈妈，你怎么笑了？我沾了牙膏到唇边，你说我长了白胡须了？

妈妈，你看，我会自己打洗脚水了，我自己脱掉鞋子，又扯掉袜子，再把小脚浸在浅浅的温水里。妈妈，你也把你的大脚伸进来吧！我要帮你捏一捏脚。

妈妈，你不要动，不要担心你的宝贝呀！我会自己穿袜子了。　妈妈，我帮你捶了背，我有个小小的要求，你能答应么？

我的宝贝，你又有什么要求呢？

你要先说答应，我才告诉你！

好吧，妈妈答应你！

妈妈，我要你今晚陪我睡觉，把我抱在你怀里，不要离开我，好吗？

85

　　晨鸟婉转的歌声，唤醒南国五月的清晨时，春天已悄悄在昨夜长成了，而睡梦里的人们并不知道。

　　诗人呀，大自然的使者，自由与天真的化身，只有你第一个嗅到春天每一个细微的味道，即使在深夜、在拂晓。你才是宇宙的使者，万物的先声，大自然的每一声叹息，都与你心心相印。

　　那些好的人，坏的蛋，伪君子，假装的知识分子，损公肥私的小人，犹豫不决的领导人，蛮横的君主，天使般的婴儿，双乳饱汁的母亲，都还在睡梦里停留。

　　诗人呀，只有你才能与造物主一起，默默地守望着这一切。

86

　　是谁派你来的呢？你这小小的乳白的精灵，在凌晨四点的时候，偷偷地在嫩叶间开放了。你的幽深的清香，又是怎样散播到夜的静谧里来的呢？

　　你是今夜上帝赐予的一朵宝贵的礼物，就在刚刚绽放的时候，我轻轻地摘取一朵。我要通过星光告诉你，把她放在酣睡的你的枕边，你在梦里也可闻到花香了。

瞭望天空，你找到宇宙中人的位置了吗？

端详花木，你找到大自然的古老回忆吗？

花开香散时，你看到蜜蜂采蕊的小小的身影，听到嗡嗡叫声，多么美妙。

低头的瞬间，你发现你的邻居，蝉，落在盆栽上，静静地躲避风雨。

88

　　妈妈，当你按响门铃时，请不要急忙吻你的宝贝，好吗？请你在门外稍微呆一会儿，我要亲手为你拧开门，送一份令你惊奇的礼物！

　　妈妈，你进来后，马上背着我，当我叫你转过身时，你再睁开眼看我送给你的礼物，好吗？

　　妈妈，你怎么能对我的礼物一点也不惊诧呢？这是幼儿园发的馒头，你不是说很好吃吗？我自己也舍不得吃，一直藏在书包里留给你的呀！

89

麻石铺成的台阶，光与影织成的林荫小道，追寻着潺潺溪水，在山坳里停下来吧，我的宝贝！

来，请你坐在山崖围住的石桌边，让西落的阳光照着你的面。春风吹得几丝长发遮了你的眼，你狡黠的眼神，正悄悄地打量着这周围的一切。

阳光包裹着树与花草时，你又陷入了无边的沉默。

“是谁掐我的耳朵呢？”

睡眼惺忪时，妈妈突然被一只小手和娇滴滴的笑声唤醒。

“不是我不是我！是上帝！”

你天真无邪地激辩，惹得妈妈好笑。

妈妈一把把你搂在怀里，问：“你在幼儿园不听话时，老师是不是也这样掐耳朵呢？”

你却大声地驳斥：“不是这样不是这样，是这样捏耳朵！”

你一边说一边做着动作，无意中泄露的秘密，又引得妈妈大笑。

　　春风吹拂江南时，你却化为一只蝴蝶，飞到大理国去流浪。为了兑现乞讨的承诺，你加入了丐帮。衣衫褴褛，但有一颗纯净的心灵。

　　春风吹绿大地时，你辞别了京城，庄子梦中的蝴蝶，唤起了你生的活力。你不愿被供在庙堂，宁愿草帽当乞品，讨来一堆纸币，分给兄弟姐妹。

　　不做楚国的宰相，也不做宋国的宰相，我只要编我的草鞋。在陋巷的石凳上，我搓着草绳，编成散发稻香的鞋子，鞋底结实又柔软。全是手工打造，无与伦比的环保。

　　就这样造着我的草鞋，饥肠漉漉，无米下炊，也不去做什么宰相。楚国有一只乌龟，活了三千多岁，如今供在楚王的神龛里，早已化为龟甲。宁愿活在污泥里，我也要做一只不摇尾的活龟。

93

你两千多年前梦见的那只蝴蝶，扇着轻薄的双翼，飞进了今天我的梦里。

她告诉我一个秘密：庄子呀，不是她梦见了你，也不是你化为蝴蝶，而只是一个梦，向往了几千年。

自从那一只小蝴蝶，翩翩飞进睡梦里，不知是我变为蝴蝶，还是蝴蝶化作了我。.

94

100 年前，你在问："100 年后谁在读我的诗呢？亲爱的读者！"呵，现在我来告诉你，亲爱的泰戈尔，100 年后的今天，我在读你的诗，从春天到夏天，又从秋天到冬天；从懵懂的青年，一直读到两鬓泛白的中年。

破晓，我迎着晨光，在鸟鸣的欢歌中朗读；中午，我躺在摇椅上，把书举在天空诵读；黄昏，我漫步湖畔，在柳条的轻拂下默读。

呵，泰戈尔，你这人类精灵。看着你的面，我便明白人生的意义。读着你的诗，我才知道人生的价值。你才是人类的歌手，百年来一直在吟唱永恒的篇章。

95

　　一朵野花，开在荒无人烟的山脊，凌空飘扬在黄土地上，没有人来观赏，就连蜜蜂也忘了来采蜜。山间的微风，也只能轻轻为你的美丽叹息！

妈妈，我在地上打滚，弄脏了衣裳，我是小坏蛋吗？

呵，不，宝贝！享受春光的自由，衣裳上沾点灰又算得了什么呢？

妈妈，你们不是说弄脏手是坏孩子么？

呵，不，宝贝，春天来了的时候，那些规矩就不要了！

万籁俱寂，都已进入梦乡，你为何还在对着屏幕倾诉呢？

你微卷的长发披在枕边，娇柔的细语刺入夜的沉默，还会有谁听你长长的诉说呢？

黎明从窗外升起时，你发现自已要入睡了。漫漫人生，有几晚能倾诉到天明呢？星星从天空中隐去了，阳光普照你安详的脸上。

98

狂风暴雨后，它伏在阳台的小树上，好像找到了家。

我贪婪地打量着它粗壮的身躯，薄薄的双翼。整个夏天都住在大树上的鸣蝉，移到阳台里来了。

暴风雨让我们两家紧紧联系起来，那么多日子，你都在大树里引吭高歌，而我们却未曾谋面。

终于见到你了，又该如何感谢你呢？

99

人们纷纷归来时，你为何要背起行囊出发呢？人们都已出发的时侯，你为何要在原地徘徊呢？

冬雨淋洒在发鬓的阴影里，你为何还在翘首张望呢？旅人呀，是什么样的梦，值得你不顾辛劳去寻觅呢？

夜幕降临，行人已散，你为何还在流连呢？

100

背起你的琴，到这冬阳下的山溪边来吧。

溪水枯瘦见底，坡上青草枯黄，幽寂的山谷散发新鲜气息。

请把琴摆在溪边的大石上，拔动你的琴弦吧！让悠扬的琴音，翻山逾岭，到达每个人的心灵。

101

　　暮霭降临，夕阳在西山后散发余光，你就在我身边，如此近，又如此远。

　　行人已离去，青山倒映在湖面，你就在我身边，如微风，如此近，又不见形。

　　美景在落寞的余晖里就要消褪了，你的气息渗透了山谷的清幽。

来吧，来到我的怀抱里，不要挨延了 ！

来呀，丢下你手中的一切，来到我的光明里，与大地为伴 ！

来，不要迟疑了，你所倚重的一切，并非重要，秋天即将过去，随后是瑟瑟寒风。这是最后的美景。

103

空山新雨，将心灵洗涤！欲望太多，痛苦纷呈，污染已漫入每一根毛孔，怎样将灵魂洗净？

丛林的每一片叶，注视着宇宙，与你心心相印，一点点向你靠近。

104

　　夏雨已把绿叶擦洗干净，小鸟在树枝上歌唱，遥远的西边传来你若有若无的琴音。高山流水，是你在召唤我么？

　　清晨已过，太阳高高升起，白天的喧嚣替换了破晓的宁静，小鸟振翅南飞，翱翔于云天之间了。

　　为何不去追寻你憧憬的梦呢？大地已纤尘无染，远方的召唤也稀微了，为何不背起行囊，踏上征途呢？

105

晨鸟的歌声和你的召唤一齐来到。别消磨时光了，收拾行装，踏上异域的旅途吧！大地刚刚苏醒，微风正吹拂着嫩叶。

背好行李，正要上路时，我又不知去往何处了。在家门口徘徊，我要怎么才能找到通往你的路呢？

106

黄河潺潺流淌，巨樟虬枝下，老子坐在一盘大石上翻阅西周的野史。百鸟的歌声周围，只剩下一片落叶从白水上飘过。

嘈杂声由远而近，打破了阅读的清静。一个老头向老子躬了一躬："令人崇敬的先生呀，我姓孔名丘，一介游民，今天带我72个学生，特来向您取经！"孔子说完便拜伏在地，等待回音。

其他人也纷纷伏地不起。半晌后，老子才把书卷推到一边，捋一捋几尺长的白须，炯炯有神的目光射向孔子一众："夫子呀，你这东土来的学者，还有什么不懂？"

孔子听到如洪钟的妙语，赶忙抬头相迎："在先生面前，我永远是学生！周游列国，我如丧家之犬，为何国王都把我看走眼？"

老子闻言，立地而起，在大树枝下徘徊三圈，问：

"你是不是游说每个国王，都要他们克己复礼？"孔子愤然答道："是呀，是呀，我要他们遵守周朝礼仪，做个好王而已！"

"你是不是叫他们要君君臣臣父父子子？"

"是呀！"孔子答道。

"你是不是叫他们修身齐家治国平天下？"

"正是正是！"孔子自豪地答道。

"那你就大大地错了！"

"为什么？"孔子惊疑地问。

"因为你叫他们克己复礼，他们就放纵无礼，你叫他们君君臣臣，他们就君不君臣不臣，你叫他们父父子子，他们就父非父子非子！你叫他们天下太平，他们就起纷争！"

孔子闻言大惊失色，再次拜伏在地："先生呀，你真如神人，道出了我游说几十年的实情！请您告诉我，怎么才能教他们做好一国之主？"

许久许久，孔子都不见回音，缓缓抬头，老子早不见踪影，只有黄河传来潺潺水声。孔子往石盘上一看，只见一卷古书的封面上刻了三个字："道德经！"

亲爱的读者，你是谁呢？100年之后正在读我的诗篇！

这一天是深冬，却艳阳高照，中国正面临所谓暖冬的气象。

诗人写下这些话的时候，不知道100年之后的中国，蓝天还会有一小块吗？青山还会有一小圈吗？空气还能呼吸吗？河水里还有鱼儿游荡吗？

也许，你们的地球更美了！也许，你们已遗弃了这个星球，在火星或月球上读着我的诗篇而感慨万千：地球，只是作为人类的记忆而存在了。

亲爱的读者，你会是谁呢？当100年之后你读到我的诗篇时，你是否会惊讶于浅薄在我的时代受到宠信，诗歌只是金钱的附庸？

www.ingramcontent.com/pod-product-compliance
Lightning Source LLC
Chambersburg PA
CBHW061455210726
48287CB00007B/2515